Prospección intrépida: cómo ganar clientes cuando más los necesita

Copyright © 2024 Reginaldo Osnildo
Reservados todos los derechos.

PRESENTACIÓN

INTRODUCCIÓN A LA PROSPECCIÓN ACTIVA

CAMBIAR LA MENTALIDAD SOBRE LAS VENTAS

IDENTIFICACIÓN DEL PÚBLICO OBJETIVO

CONSTRUYENDO SU CONFIANZA EN LAS VENTAS

DESARROLLAR UNA PROPUESTA DE VALOR IRRESISTIBLE

TÉCNICAS DE COMUNICACIÓN EFECTIVAS

EL PODER DE LAS REDES

CREACIÓN DE UN PLAN DE PROSPECCIÓN PERSONALIZADO

LLAMADAS EN FRÍO CON CONFIANZA

ESTRATEGIAS DE CORREO ELECTRÓNICO EN FRÍO QUE FUNCIONAN

USO DE LAS REDES SOCIALES PARA LA PROSPECCIÓN

GESTIÓN DEL TIEMPO PARA LA PROSPECCIÓN

RESPONDIENDO A LAS OBJECIONES

SEGUIMIENTO SIN SER INVASIVO

USO DE CONTENIDO PARA ATRAER CLIENTES

ESTRATEGIAS DE SEO PARA LA GENERACIÓN DE LEADS

HERRAMIENTAS DIGITALES Y AUTOMATIZACIÓN EN LA PROSPECCIÓN

CREAR Y MANTENER RELACIONES DURADERAS CON LOS CLIENTES

MEDICIÓN DE SU ÉXITO DE PROSPECCIÓN

MANERAS CREATIVAS DE GENERAR CLIENTES

VENDER SIN VENDER

NEGOCIACIÓN Y CIERRE DE VENTAS

CUIDADO PERSONAL Y GESTIÓN DEL ESTRÉS EN VENTAS

PLAN DE ACCIÓN DE 30 DÍAS PARA LA PROSPECCIÓN ACTIVA

REGINALDO OSNILDO

PRESENTACIÓN

Bienvenido a un viaje transformador que promete redefinir su relación con la prospección y las ventas activas. Si estás leyendo estas palabras, es probable que estés buscando algo que pueda cambiar el rumbo a tu favor, algo que convierta las dificultades en oportunidades y el miedo en motivación. Este no es simplemente otro libro de ventas; Es una invitación para que emprendas un camino menos transitado, donde la prospección se convierte en tu mayor aliado en la búsqueda del éxito.

Ya sea que sea un emprendedor individual o el corazón de una pequeña empresa, enfrentar el desafío de la prospección activa puede parecer una montaña demasiado empinada para escalar. ¿Las buenas noticias? Usted no está solo. Este libro, **Prospección intrépida: cómo ganar clientes cuando más los necesita**, está diseñado pensando en usted y ofrece no sólo un compendio de técnicas prácticas y estrategias probadas, sino también una nueva perspectiva sobre cómo abordar y superar las barreras que existen. entre usted y su crecimiento.

A través de las siguientes páginas, lo guiaré a través de una profunda transformación, actualizando los conceptos tradicionales de prospección para nuestro tiempo, simplificando los procesos y, lo más importante, ayudándolo a construir una mentalidad que transformará el miedo a vender en entusiasmo por conectarse, involucrarse y finalmente conquistar. .

Cada capítulo de este libro ha sido cuidadosamente diseñado para complementarse entre sí, formando un mapa que lo llevará desde los fundamentos de la prospección activa hasta las estrategias más avanzadas para mantener relaciones duraderas con sus clientes. Aprenderá cómo identificar su público objetivo, desarrollar una propuesta de valor irresistible, utilizar las redes sociales a su favor, administrar su tiempo de prospección de manera efectiva y mucho más.

Este no es sólo un libro; es una experiencia de aprendizaje interactiva que pretende ser un punto de inflexión en su carrera y su vida. Mientras lees, encontrarás invitaciones a reflexionar sobre tus propias prácticas y desafíos para sacarte de tu zona de confort que te mostrarán el verdadero poder de la persistencia, la innovación y la resiliencia.

Así que te invito a pasar página y comenzar este viaje conmigo. Prepárese para desbloquear el potencial de la prospección activa, transformándola de una fuente de estrés a un poderoso motor para alimentar sus ambiciones, apoyar a su familia y hacer crecer su negocio. Con cada capítulo se abrirá un nuevo horizonte, y juntos, paso a paso, construiremos un puente sobre cualquier abismo de duda o miedo, hacia el éxito que mereces y que definitivamente puedes alcanzar.

Avance al siguiente capítulo, donde profundizaremos en **la INTRODUCCIÓN A LA PROSPECCIÓN ACTIVA** , entendiendo la esencialidad de esta habilidad en su viaje hacia el crecimiento empresarial sostenible. Prepárese para descubrir el primer paso hacia una prospección intrépida.

Tuyo sinceramente

Reginaldo Osnildo

INTRODUCCIÓN A LA PROSPECCIÓN ACTIVA

La prospección activa es el corazón de cualquier negocio que busque no sólo sobrevivir, sino también prosperar en un mercado cada vez más competitivo. En este capítulo, desvelaremos la esencialidad de la prospección activa, entendiendo cómo puede convertirse en la columna vertebral para sostener y expandir su base de clientes y, en consecuencia, su negocio.

LA BASE DEL ÉXITO EMPRESARIAL

En el mundo de los negocios, la capacidad de generar nuevos clientes potenciales y convertirlos en clientes de pago es lo que separa a las empresas exitosas de aquellas que luchan por mantener las luces encendidas. La prospección activa, en este sentido, es mucho más que una táctica de ventas; es una filosofía empresarial que sitúa el crecimiento sostenible en el centro de todas las actividades empresariales.

¿POR QUÉ PROSPECCIÓN ACTIVA?

Quizás se pregunte: ¿por qué centrarse en la prospección activa cuando hay tantas otras estrategias de marketing y ventas disponibles? La respuesta es sencilla: control e iniciativa. Al dominar el arte de la prospección activa, usted toma el control de su flujo de ventas. No estás a merced de campañas de marketing pasivas, esperando que clientes potenciales te encuentren. En lugar de eso, usted toma la iniciativa y busca activamente a quienes se beneficiarán más de lo que tiene para ofrecer.

PROSPECCIÓN DESMITIFICADORA

Muchos empresarios y vendedores ven la prospección como una tarea ardua y a menudo intimidante. Esto a menudo se debe a una mezcla de miedo al rechazo, falta de confianza en las propias capacidades de ventas y una mala comprensión de lo que realmente significa la prospección. En este libro, desmitificaremos estas percepciones y mostraremos que la prospección puede ser una actividad apasionante, gratificante e increíblemente eficaz cuando se realiza correctamente.

EL PAPEL DE LA TECNOLOGÍA EN LA PROSPECCIÓN MODERNA

En el entorno de ventas actual, la tecnología juega un papel crucial en la prospección activa. Las herramientas digitales y las plataformas de automatización no solo hacen que el proceso sea más eficiente, sino que también permiten una personalización y segmentación sin precedentes. Esto significa que puede llegar a la audiencia adecuada, con el mensaje adecuado y en el momento adecuado, aumentando significativamente sus posibilidades de éxito.

CONSTRUIR RELACIONES, NO SÓLO REALIZAR VENTAS

Un error común acerca de la prospección activa es que se centra exclusivamente en realizar una venta. Sin embargo, la verdadera esencia de la prospección es construir relaciones. Cada interacción es una oportunidad para comprender mejor las necesidades, deseos y desafíos de su público objetivo, permitiéndole ofrecer soluciones que realmente marcan una diferencia en sus vidas o negocios.

PREPARARSE PARA EL VIAJE

A medida que avance en este capítulo, lo invito a abordar la prospección activa no como una tarea, sino como un viaje de descubrimiento. Exploremos técnicas, estrategias y mentalidades que no sólo harán que este proceso sea más fácil, sino que también lo harán más efectivo y gratificante.

Al cerrar este capítulo, espero que no sólo esté más informado sobre la importancia crítica de la prospección activa, sino también inspirado para adoptarla como una poderosa herramienta de crecimiento. Y con esta base sólida, estamos listos para profundizar aún más, transformando la comprensión de las ventas de una tarea desalentadora a una actividad emocionante en el próximo capítulo, **CAMBIAR LA MENTALIDAD SOBRE LAS VENTAS**. Prepárese para transformar su forma de pensar y abrir las puertas al éxito en las ventas como nunca antes lo había visto.

CAMBIAR LA MENTALIDAD SOBRE LAS VENTAS

Vender es un arte, un estudio de la conexión humana, la comunicación y la psicología. Pero ¿por qué tantos de nosotros nos estremecemos ante la idea de "realizar una venta"? Este capítulo es una invitación a repensar y transformar su percepción de las ventas de una tarea desalentadora a un viaje apasionante de crecimiento personal y éxito empresarial.

VENTAS: EL MONSTRUO DEBAJO DE LA CAMA

Para muchos, las ventas son el monstruo debajo de la cama. Es esa temida actividad que evocamos en nuestra mente como algo que debemos evitar a toda costa. Este miedo suele estar alimentado por prejuicios sobre que las ventas son manipuladoras, forzadas o invasivas. ¿La verdad? Las ventas, en esencia, se tratan de crear valor y resolver problemas.

LA MENTALIDAD DE SERVICIO

La clave para transformar su percepción de las ventas comienza con una mentalidad de servicio. Cuando cambia su enfoque de "Necesito vender" a "Tengo algo valioso que puede ayudar a alguien", comienza a ver las ventas desde una nueva perspectiva. Vender se trata menos de persuadir y más de escuchar, comprender y responder a las necesidades de sus clientes.

APRENDE A AMAR EL PROCESO

Amar el proceso de ventas puede parecer una tarea hercúlea al principio, pero es absolutamente posible. Empiece por celebrar pequeñas victorias y aprendizajes, independientemente del resultado. Cada "no" es una oportunidad para perfeccionar su enfoque, cada comentario es un regalo para mejorar. Cuando te concentras en el proceso, no solo en el resultado, el viaje de ventas se vuelve más gratificante.

CONSTRUIR CONFIANZA, POR DENTRO Y POR FUERA

La confianza es la base de cualquier relación de ventas exitosa. Pero para generar confianza con sus clientes, primero debe confiar en usted mismo y en el valor que ofrece. Esto comienza con una comprensión profunda de su producto o servicio y una creencia sincera en su potencial para marcar la diferencia.

ENFRENTANDO EL MIEDO DE FRENTE

El miedo al rechazo es, sin duda, uno de los mayores obstáculos a la hora de vender. Sin embargo, enfrentar este miedo de frente es crucial para transformar su mentalidad de ventas. Comprenda que el rechazo no es personal; Es sólo parte del proceso. Con cada "no" que reciba, estará un paso más cerca de un "sí".

LA VENTA COMO UN VIAJE DE DESCUBRIMIENTO

Las ventas deben verse como un viaje de descubrimiento, tanto para usted como para su cliente. A través del proceso de ventas, tienes la oportunidad de descubrir las necesidades ocultas de tus clientes, brindándoles soluciones que ni siquiera sabían que necesitaban. Esto convierte las ventas de una tarea en una misión.

Ahora que hemos comenzado a transformar su percepción de las ventas, el siguiente paso es identificar y comprender profundamente a su público objetivo. En el próximo capítulo, **IDENTIFICACIÓN DEL PÚBLICO OBJETIVO** , profundizaremos en técnicas y estrategias para encontrar y comprender su mercado ideal. ¿Listo para descubrir dónde sus ofertas resonarán con más fuerza y crearán conexiones auténticas que conviertan? Avanza al siguiente capítulo, donde continúa tu viaje de transformación.

IDENTIFICACIÓN DEL PÚBLICO OBJETIVO

Saber profundamente quiénes son tus clientes potenciales es la piedra angular de cualquier estrategia de ventas eficaz. Este capítulo está dedicado a descubrir métodos para encontrar y comprender a su público objetivo, garantizando que sus ofertas no sólo sean escuchadas sino que resuenen significativamente con quienes más importan: sus futuros clientes.

¿QUÉ ES EL PÚBLICO OBJETIVO?

El público objetivo se refiere al grupo específico de personas o empresas que tienen más probabilidades de beneficiarse de sus productos o servicios. Identificar a su público objetivo no es sólo saber quiénes son, sino comprender sus necesidades, deseos, dolores y cómo su oferta encaja en sus vidas o negocios.

LA IMPORTANCIA DE CONOCER A TU AUDIENCIA

Conocer a su público objetivo no es una tarea académica; es un imperativo estratégico. Cuando tiene claro con quién está hablando, sus mensajes de marketing y ventas se vuelven más específicos, personales y efectivos. Esto no sólo aumenta sus posibilidades de conversión, sino que también crea una base de clientes más comprometida y leal.

COMENZANDO CON LA INVESTIGACIÓN DE MERCADO

El viaje para identificar a su público objetivo comienza con una investigación de mercado. Utilice herramientas en línea, encuestas, entrevistas y datos de mercado existentes para recopilar información sobre las características demográficas, conductuales y psicográficas de sus clientes potenciales. Esta información formará la base de las personas de sus clientes, representaciones semificticias de su cliente ideal.

CREACIÓN DE PERSONAS DE CLIENTES

Las personas de los clientes son herramientas increíblemente útiles para visualizar y comprender a su público objetivo. Ayudan a humanizar los datos demográficos y psicográficos, convirtiéndolos en personajes identificables con los que usted y su equipo pueden identificarse. Al desarrollar sus personajes, incluya no solo información demográfica, sino también sus motivaciones, desafíos y cómo interactúan con su marca o industria.

PROFUNDO EN LAS NECESIDADES DE SU AUDIENCIA

Comprender a su público objetivo requiere algo más que conocer sus características básicas; Requiere profundizar en sus necesidades específicas y en cómo su producto o servicio puede satisfacer esas necesidades. Esto significa escuchar activamente, ya sea a través de comentarios directos, análisis de comportamiento en línea o investigaciones de mercado. Cuanto más sepa sobre lo que su audiencia necesita y valora, más efectiva será su capacidad para conectarse con ellos.

USO DE LA RETROALIMENTACIÓN PARA AFINAR SU ENFOQUE

El proceso de identificación del público objetivo no es estático; Es un ciclo continuo de aprendizaje y adaptación. Utilice los comentarios de sus clientes existentes para perfeccionar las personas de sus clientes y abordar las estrategias. Estos comentarios son un tesoro de ideas que pueden ayudarle a perfeccionar su oferta y sus mensajes de una manera que resuene aún más profundamente en su audiencia.

Con una comprensión clara de su público objetivo, ahora está preparado para avanzar con confianza. Sus estrategias de marketing y ventas pueden ser más enfocadas, personalizadas y efectivas, sentando las bases para un negocio sostenible y en crecimiento.

En el próximo capítulo, **CONSTRUYENDO SU CONFIANZA EN LAS VENTAS**, exploraremos cómo puede fortalecer su confianza en sí mismo y presentar sus ofertas con convicción, asegurándose de que su audiencia no solo escuche, sino que responda. Prepárese para sumergirse profundamente en usted mismo, descubriendo y desbloqueando al vendedor seguro para el que nació.

CONSTRUYENDO SU CONFIANZA EN LAS VENTAS

La confianza es la moneda más valiosa en el ámbito de las ventas. No sólo confianza en su producto o servicio, sino más importante aún, confianza en usted mismo como vendedor. Este capítulo está dedicado a fortalecer su confianza en sí mismo, capacitándolo para presentar sus ofertas con convicción y autenticidad. Aquí aprenderá estrategias para generar y mostrar una confianza inquebrantable que atraerá clientes y cerrará ventas.

LA CONFIANZA EN UNO MISMO Y SUS RAÍCES

La confianza en las ventas comienza con dos creencias fundamentales: creer en el valor de lo que ofreces y creer en tu capacidad para comunicar ese valor. Esto significa conocer íntimamente su producto o servicio y reconocer el impacto positivo que puede tener en la vida de sus clientes. Cuando opera desde este lugar de certeza, su confianza naturalmente se dispara.

EL CONOCIMIENTO ES PODER

Una de las formas más efectivas de generar confianza es a través de un conocimiento profundo sobre su producto o servicio. Cuanto más sepa, más preparado estará para responder preguntas, resolver inquietudes y resaltar los beneficios de una manera convincente. Tómese el tiempo para conocer no sólo las características de su producto, sino también historias de éxito de clientes, estudios de casos y diferentes escenarios de uso.

LA PRÁCTICA HACE LA PERFECCIÓN

La confianza también proviene de la práctica. Esto significa practicar sus técnicas de venta, su argumento de venta y sus respuestas a las objeciones comunes. Cuanto más practique, especialmente en un entorno de bajo riesgo, como un juego de roles con un colega o mentor, más natural y seguro se volverá en situaciones de ventas reales.

CELEBRANDO PEQUEÑAS VICTORIAS

Cada pequeña victoria es un trampolín en el camino hacia el

desarrollo de su confianza. Celebre cada venta, por supuesto, pero también celebre los pasos que conducen a ella: una buena conversación con un cliente potencial, comentarios positivos o incluso un "no" que proporcionó un aprendizaje valioso. Cada una de estas experiencias es un ladrillo para desarrollar su confianza.

LIDIAR CON EL RECHAZO

El rechazo es parte del proceso de ventas, pero no tiene por qué ser un duro golpe para su confianza. Vea cada rechazo como una oportunidad para aprender y crecer. Pregúntese: ¿Qué puedo aprender de esto? ¿Hay comentarios que pueda utilizar para mejorar? Reformule el rechazo como un paso necesario en el camino hacia el éxito.

CONSTRUYENDO RELACIONES, NO SÓLO VENTAS

Recuerde que las ventas consisten, en esencia, en construir relaciones. Cuando se concentra en comprender y satisfacer las necesidades de sus clientes, en lugar de simplemente cerrar una venta, crea conexiones genuinas. Esto no sólo aumenta sus posibilidades de éxito, sino que también fortalece su confianza al saber que está marcando una diferencia.

LA CONFIANZA VIENE DE DENTRO

Por último, trabaja tu confianza en ti mismo fuera del contexto de ventas. Esto podría incluir técnicas de atención plena, ejercicios de afirmación o simplemente dedicar tiempo a actividades que le hagan sentir bien consigo mismo. Cuando te sientes seguro en tu vida personal, esa confianza se traslada a tu vida profesional.

Con su confianza en sí mismo fortalecida, estará listo para llevar sus habilidades de ventas al siguiente nivel. En el siguiente capítulo, **DESARROLLAR UNA PROPUESTA DE VALOR IRRESISTIBLE**, exploraremos cómo comunicar el valor de lo que ofrece de una manera que atraiga clientes de forma natural. Prepárate para aprender el arte de crear y presentar propuestas que hagan que los clientes digan "sí".

DESARROLLAR UNA PROPUESTA DE VALOR IRRESISTIBLE

En el centro de cada transacción exitosa se encuentra una propuesta de valor clara, convincente e irresistible. Este capítulo está dedicado a ayudarlo a desarrollar una propuesta de valor que se destaque, comunicando de manera efectiva el valor único que ofrece su producto o servicio. Una propuesta de valor irresistible no sólo atrae a los clientes, sino que también los convence de que lo que ofreces es exactamente lo que necesitan.

ENTENDIENDO LA PROPUESTA DE VALOR

Una propuesta de valor es una promesa clara del beneficio que espera ofrecer a sus clientes. Es la razón por la que un cliente debe elegir su producto o servicio sobre el de sus competidores. Debe ser sencillo, directo y enfocado a los beneficios reales que experimentará el cliente al realizar la compra.

IDENTIFICAR EL VALOR FUNDAMENTAL

El primer paso para desarrollar una propuesta de valor irresistible es identificar el valor central de su producto o servicio. Pregúntese: ¿Qué problema resuelve mi producto/servicio? ¿Cómo mejora la vida o los negocios de mis clientes? ¿Qué necesidades específicas cubre? El valor central debe ser algo que su público objetivo realmente quiera o necesite, algo que tenga un impacto significativo para ellos.

HABLA EL IDIOMA DE TU CLIENTE

Para que su propuesta de valor resuene en su público objetivo, es fundamental comunicarla en su idioma. Esto significa utilizar palabras y frases que comprendan y que reflejen sus deseos, necesidades y dolores. Evite la jerga técnica o el lenguaje corporativo genérico; Sea específico, personal y relevante.

DIFERENCIARTE DE LA COMPETENCIA

Uno de los componentes clave de una propuesta de valor irresistible es la diferenciación. ¿Qué hace que su producto o servicio sea diferente (y mejor) de lo que está disponible en el mercado? Concéntrese en sus puntos de venta únicos y resáltelos claramente. Sea específico sobre lo que ofrece y que nadie más pueda ofrecer.

DEMOSTRAR VALOR

No basta con hacer valer su valor; necesitas demostrarlo. Esto se puede hacer a través de estudios de casos, testimonios, datos de desempeño o cualquier otra evidencia que demuestre los beneficios de su producto o servicio. Las personas tienden a creer lo que ven, por lo que es esencial proporcionar pruebas concretas de su valor.

SIMPLIFICA TU MENSAJE

Una propuesta de valor eficaz es simple y va directa al grano. Evite la tentación de incluir todas las características o beneficios de su producto o servicio. Concéntrate en lo que más les importa a tus clientes y preséntalo de forma clara y concisa. Es más probable que un mensaje simple sea recordado y comprendido.

PRUEBA Y REFINA

Desarrollar una propuesta de valor es un proceso iterativo. Pruebe diferentes versiones con su público objetivo para ver cuál resuena mejor. Solicite comentarios y esté abierto a ajustar su propuesta en función de lo que aprenda. Una propuesta de valor siempre se puede mejorar, así que considere este proceso como un viaje, no como un destino.

Con una propuesta de valor irresistible en la mano, estará bien posicionado para captar la atención y el interés de sus clientes potenciales. En el próximo capítulo, **TÉCNICAS DE COMUNICACIÓN EFECTIVAS** , profundizaremos en cómo puede mejorar sus habilidades de comunicación para involucrar y convertir positivamente a estos prospectos. Esté preparado para aprender el arte de comunicarse de una manera que establezca relaciones, genere confianza e impulse las ventas.

TÉCNICAS DE COMUNICACIÓN EFECTIVAS

Comunicarse de forma eficaz es clave para atraer clientes potenciales y moverlos a través del embudo de ventas. Este capítulo se centra en perfeccionar sus habilidades de comunicación, lo que le permitirá conectarse auténticamente con su audiencia y presentar su propuesta de valor de manera convincente. Dominar el arte de la comunicación no sólo fortalece tus ventas, sino que también construye relaciones duraderas con tus clientes.

ENTENDIENDO LA COMUNICACIÓN

La comunicación va más allá de las palabras que eliges; se trata de crear una conexión. Para ello, es fundamental entender no sólo lo que estás comunicando, sino también cómo se recibe tu mensaje. Esto implica no sólo el lenguaje verbal, sino también el lenguaje no verbal, como la postura, los gestos y la expresión facial, así como la capacidad de escuchar activamente.

ESCUCHA ACTIVA

La escucha activa es una de las habilidades más subestimadas en ventas. Esto significa escuchar con la intención de comprender, no sólo de responder. Al practicar la escucha activa, no sólo muestra respeto por su interlocutor, sino que también obtiene información valiosa sobre sus necesidades e inquietudes, lo que puede ayudarle a dar forma a su comunicación de manera más efectiva.

AJUSTA TU MENSAJE

Una técnica de comunicación eficaz es la capacidad de ajustar su mensaje en función de su audiencia. Esto puede implicar modificar el nivel de complejidad de su lenguaje, cambiar el enfoque de su mensaje para alinearse mejor con las necesidades del oyente o incluso adaptar su estilo de comunicación para que coincida con el de su cliente. La flexibilidad en la comunicación muestra empatía y aumenta su capacidad para conectarse.

CLARIDAD Y CONCISIÓN

En comunicación, menos es más. Los mensajes claros y concisos se entienden y recuerdan más fácilmente. Evite la jerga técnica excesiva y no sobrecargue a su cliente con información innecesaria. Concéntrate en comunicar tu propuesta de valor directamente, destacando los beneficios más relevantes para el cliente.

EL PODER DE LA NARRATIVA

Las historias tienen el poder de captar la atención y conectar a nivel emocional. Al incorporar la narración, ya sea contando historias de éxito de clientes o compartiendo una experiencia personal, puede hacer que su mensaje sea más identificable y memorable. Las historias también son una excelente manera de demostrar el valor de su producto o servicio de forma tangible.

COMUNICACIÓN NO VERBAL

La comunicación no verbal, como el contacto visual, los gestos y el tono de voz, desempeña un papel crucial en la forma en que se recibe su mensaje. Estos elementos pueden reforzar su mensaje, transmitir confianza y ayudar a establecer una conexión más fuerte. Sea consciente de su lenguaje corporal y asegúrese de que se alinee con lo que está diciendo.

LA RETROALIMENTACIÓN COMO HERRAMIENTA

Considere los comentarios no como críticas, sino como una valiosa oportunidad para aprender y mejorar. Solicite comentarios con regularidad y utilícelos para perfeccionar sus habilidades de comunicación. Esté abierto a ajustar su estilo en función de las respuestas que reciba para satisfacer mejor las necesidades de su audiencia.

Dominar la comunicación eficaz es un paso esencial para convertirse en un vendedor exitoso. En el próximo capítulo, **EL PODER DE LAS REDES** , exploraremos cómo puede utilizar su red existente para abrir puertas y generar clientes potenciales. Prepárese para aprender estrategias para expandir significativamente su red y cómo utilizar esas conexiones para impulsar su éxito en las ventas.

EL PODER DE LAS REDES

El networking no es sólo una técnica de desarrollo empresarial; Es un arte que, cuando se hace bien, puede abrir puertas inimaginables, generar clientes potenciales valiosos y establecer asociaciones duraderas. Este capítulo profundiza en estrategias efectivas de networking, ayudándole a utilizar su red existente y expandirla de manera que apoye y acelere sus esfuerzos de prospección.

ENTENDIENDO LAS REDES

El networking va más allá de coleccionar tarjetas de visita; Se trata de construir relaciones genuinas y de confianza. Cada persona que conozca tiene el potencial de convertirse en cliente, socio o incluso promotor de su negocio. La clave es abordar el networking con la mentalidad adecuada, centrándose en cómo puedes agregar valor a los demás, en lugar de solo lo que puedes ganar.

COMIENCE CON SU RED EXISTENTE

Su red actual es el punto de partida perfecto. Considere a familiares, amigos, antiguos compañeros de trabajo, clientes e incluso conocidos casuales. Haga un inventario de las personas que ya conoce e identifique cómo podrían encajar en su estrategia de networking. Una conexión personal preexistente puede ser una vía poderosa para presentaciones y recomendaciones.

ESTRATEGIAS PARA AMPLIAR TU RED

- **Eventos de networking:** asistir a eventos de networking locales o específicos de la industria es una excelente manera de conocer gente nueva. Venga preparado con una breve y memorable introducción sobre usted y su negocio.

- **Grupos y asociaciones profesionales:** únase a grupos relevantes para su industria, tanto online como offline. Estos son excelentes lugares para conocer personas con intereses y desafíos similares.

- **Plataformas de redes sociales:** LinkedIn, Twitter y

grupos de Facebook específicos de la industria pueden ser herramientas poderosas para conectarse con profesionales en su campo. Comparta contenido valioso y participe en conversaciones para aumentar su visibilidad.

- **Voluntariado:** Ofrecer su tiempo o habilidades como voluntario para causas u organizaciones puede ser una forma no solo de contribuir a su comunidad, sino también de conocer personas con valores similares.

CONSTRUYENDO RELACIONES A LARGO PLAZO

La creación de redes eficaces consiste en fomentar las relaciones, no sólo en establecer el contacto inicial. Manténgase en contacto con su red a través de mensajes regulares, compartiendo artículos de interés o incluso organizando reuniones informales. Recuerda que la reciprocidad es fundamental; Busque formas de ayudar o agregar valor a los demás siempre que sea posible.

REDES DIGITALES

En un mundo cada vez más digital, tu presencia online es tan importante como tu presencia física. Mantenga sus perfiles de redes sociales actualizados y profesionales. Utilice estas plataformas para resaltar sus conocimientos, compartir éxitos y contribuir a debates relevantes. Además, considere crear su propio contenido para aumentar su autoridad y visibilidad en la industria.

LA ETIQUETA DEL NETWORKING

- **Ser auténtico:** Las personas se sienten atraídas por la autenticidad. Sea usted mismo y muestre interés genuino en los demás.

- **Escucha más de lo que hablas:** Escuchar atentamente demuestra respeto y permite comprender mejor las necesidades e intereses de la otra persona.

- **Cumplir:** si prometió enviar información, dar una

introducción o compartir recursos, asegúrese de cumplirlo. Esto genera confianza y credibilidad.

Con estas estrategias de networking en mano, usted está bien equipado para construir y cultivar una red de contactos que no solo respalde sus objetivos de prospección activa, sino que también enriquezca su viaje empresarial de maneras que quizás no haya imaginado. En el siguiente capítulo, **CREACIÓN DE UN PLAN DE PROSPECCIÓN PERSONALIZADO** , profundizaremos en las tácticas para crear un plan de acción personalizado que aproveche sus fortalezas y maximice sus esfuerzos de prospección. Prepárese para transformar su networking en resultados concretos.

CREACIÓN DE UN PLAN DE PROSPECCIÓN PERSONALIZADO

Después de establecer una base sólida de conocimiento sobre su público objetivo, desarrollar su confianza en las ventas, desarrollar una propuesta de valor irresistible, mejorar sus técnicas de comunicación y ampliar su red, el siguiente paso es crear un plan de prospección personalizado. Este capítulo lo guiará en la construcción de un plan estratégico que aproveche sus fortalezas, se ajuste a su personalidad y maximice sus esfuerzos de prospección para obtener resultados excepcionales.

DEFINIENDO TUS OBJETIVOS DE PROSPECCIÓN

Comenzar con el fin en mente. Establece objetivos claros y medibles para tu prospección. Esto puede incluir objetivos relacionados con la cantidad de nuevos clientes potenciales generados, tasas de conversión de clientes potenciales o aumento de ingresos. Tener objetivos específicos le permite crear un plan específico y medir su éxito de manera efectiva.

CONOCER TUS FORTALEZAS

Cada persona tiene un conjunto único de habilidades y preferencias. Algunos pueden sobresalir en la comunicación cara a cara, mientras que otros pueden ser maestros en la escritura persuasiva. Evalúe sus puntos fuertes y considere cómo puede utilizarlos de forma más eficaz en su plan de prospección. Por ejemplo, si es excepcional en la comunicación escrita, técnicas como el envío de correos electrónicos en frío pueden ser más adecuadas para usted.

ELEGIR TUS TÁCTICAS DE PROSPECCIÓN

En función de tus fortalezas y objetivos, selecciona las tácticas de prospección que mejor se alineen con tu perfil y mercado objetivo. Esto puede ir desde networking y asistencia a eventos hasta prospección digital como SEO o marketing de contenidos. Recuerde, la calidad es más importante que la cantidad; Es mejor elegir algunas tácticas que puedas ejecutar bien que intentar hacer todo de forma normal.

CREAR UN CALENDARIO DE PROSPECCIÓN

La coherencia es clave para una prospección exitosa. Cree un cronograma detallado, que incluya cuándo y con qué frecuencia llevará a cabo sus actividades de prospección. Esto puede ayudar a que la prospección deje de ser una tarea esporádica y se convierta en una parte integrada de su rutina diaria o semanal. Asegúrese también de dedicar tiempo para análisis y ajustes periódicos del plan.

AUTOMATIZAR Y DELEGAR CUANDO SEA POSIBLE

Busque formas de hacer que su proceso de prospección sea más eficiente. Las herramientas de automatización pueden ayudar con tareas como programar correos electrónicos, publicar en redes sociales y rastrear las interacciones con los clientes. Delegar tareas específicas a miembros del equipo o trabajadores independientes también puede liberar tu tiempo para concentrarte en actividades de prospección que requieren tu toque personal.

SEGUIMIENTO Y AJUSTE DE SU PLAN

Un plan de prospección es un documento vivo; debe revisarse y ajustarse periódicamente en función del desempeño y los comentarios recibidos. Establezca intervalos regulares para evaluar el éxito de sus tácticas de prospección y realizar los cambios necesarios. Recuerde, la flexibilidad para adaptarse es una ventaja competitiva.

Crear un plan de prospección personalizado es un paso clave para transformar la prospección activa de una fuente de estrés a una estrategia de crecimiento apasionante. Al alinear este plan con sus objetivos, fortalezas y preferencias, sentará una base sólida para un éxito de ventas sostenible.

¿Listo para poner su plan en acción? En el próximo capítulo, **LLAMADAS EN FRÍO CON CONFIANZA** , exploraremos cómo abordar una de las técnicas de prospección más tradicionales y desafiantes con una nueva perspectiva y una confianza renovada. Esté preparado para convertir la temida llamada en frío en una poderosa herramienta en su arsenal de prospección.

LLAMADAS EN FRÍO CON CONFIANZA

Las llamadas en frío, la práctica de llamar a clientes potenciales sin contacto previo, a menudo se considera una de las tareas más desafiantes en ventas. Sin embargo, con el enfoque correcto y una buena dosis de confianza, las llamadas en frío pueden convertirse en una estrategia eficaz e incluso gratificante. Este capítulo está diseñado para equiparlo con técnicas y mentalidades que transformarán sus llamadas en frío de fuentes de ansiedad a oportunidades de crecimiento.

DESMITIFICANDO LAS LLAMADAS EN FRÍO

El primer paso para abordar las llamadas en frío con confianza es cambiar su percepción al respecto. Las llamadas en frío no se tratan de interrupciones o inconvenientes; Es una oportunidad para presentar una solución que realmente pueda beneficiar a su cliente potencial. Trate cada llamada como un servicio, no como una venta forzada.

LA PREPARACIÓN ES LA CLAVE

Una preparación sólida es esencial para el éxito de las llamadas en frío. Esto significa investigar la empresa y la persona a la que llama, comprendiendo sus desafíos y necesidades. Cree un guión básico para su llamada, pero esté preparado para desviarse de él; la hoja de ruta debe servir como guía, no como un guión rígido.

ESTABLECER UNA RAPPORT RÁPIDAMENTE

En los primeros momentos de una llamada en frío, es fundamental establecer una conexión. Esto se puede hacer mencionando algo que tengan en común, haciendo una observación sobre algo reciente en la industria del cliente potencial o simplemente siendo amigable y accesible. La buena relación es la base de la confianza y la apertura durante la conversación.

CENTRARSE EN LOS BENEFICIOS, NO EN LAS CARACTERÍSTICAS

Durante su llamada, concéntrese en cómo su producto o servicio puede beneficiar al cliente. Evite la tentación de enumerar todas las funciones; en su lugar, resalte cómo estas características resuelven problemas específicos o mejoran situaciones para su cliente potencial. Esto hace que la conversación sea más relevante y atractiva para ellos.

TRATAR LAS OBJECIONES

Las objeciones son una parte natural del proceso de llamadas en frío. En lugar de temerlos, considérelos como oportunidades para comprender mejor las inquietudes de sus clientes potenciales y responder de manera educada e informativa. La clave aquí es escuchar activamente, validar la inquietud del cliente y luego presentar información que pueda ayudar a superar la objeción.

MANTENER UNA ACTITUD POSITIVA

Una actitud positiva es contagiosa y puede marcar una gran diferencia en cuán receptivo sea su llamado. Incluso ante el rechazo, mantenga un tono amigable y profesional. Cada llamada es una oportunidad para perfeccionar tus habilidades, así que intenta aprender de la experiencia, independientemente del resultado.

PRACTICAR Y MEJORAR

Como muchas habilidades, las llamadas en frío mejoran con la práctica. No te desanimes por los rechazos o las llamadas difíciles; en su lugar, utilícelos como comentarios para perfeccionar su enfoque. Considere también buscar comentarios de compañeros o mentores que puedan ofrecer perspectivas y consejos valiosos.

Las llamadas en frío no tienen por qué ser una tarea temida. Con la preparación adecuada, una mentalidad positiva y un enfoque genuino en cómo puede ayudar a sus clientes potenciales, puede convertir las llamadas en frío en conversaciones productivas y, eventualmente, en valiosas relaciones comerciales.

A medida que avancemos, el siguiente capítulo, **ESTRATEGIAS DE**

CORREO ELECTRÓNICO EN FRÍO QUE FUNCIONAN, explorará cómo complementar sus técnicas de llamadas en frío con estrategias efectivas de envío de correo electrónico en frío, garantizando un enfoque de prospección integral y multifacético. Prepárese para dominar otra herramienta vital en su arsenal de prospección.

ESTRATEGIAS DE CORREO ELECTRÓNICO EN FRÍO QUE FUNCIONAN

El envío de correos electrónicos en frío, al igual que las llamadas en frío, es una poderosa herramienta de prospección cuando se utiliza correctamente. Sin embargo, dado que las bandejas de entrada de los clientes potenciales suelen estar saturadas, conseguir que su correo electrónico no sólo se abra, sino que también se lea y responda requiere un enfoque estratégico y personalizado. Este capítulo lo guiará a través de estrategias efectivas de envío de correo electrónico en frío, lo que le permitirá crear correos electrónicos que se destacan y generan resultados.

LA IMPORTANCIA DEL ASUNTO

La línea de asunto es, sin duda, el elemento más crítico de tu correo electrónico frío. Es el primer punto de contacto y el factor principal que determina si se abrirá su correo electrónico. Las líneas de asunto deben ser claras, intrigantes y personalizadas, dándole al destinatario un motivo para hacer clic. Evite palabras que suenen a spam y opte por frases que despierten curiosidad o destaquen un beneficio claro.

LA PERSONALIZACIÓN ES LA CLAVE

Enviar el mismo correo electrónico genérico a todos tus contactos es una receta para el fracaso. La personalización muestra que se tomó el tiempo para conocer al destinatario y su empresa, lo que aumenta las posibilidades de participación. Utilice el nombre del destinatario, haga referencia a proyectos recientes de la empresa o mencione desafíos específicos de la industria para crear una conexión inmediata.

ENFOQUE EN EL VALOR, NO EN LAS VENTAS

El objetivo de tu email frío no debe ser vender desde la primera línea, sino iniciar una conversación. Concéntrese en cómo puede agregar valor al destinatario o ayudar a resolver un problema específico que pueda estar enfrentando. Al posicionarse como un recurso valioso en lugar de simplemente un vendedor más, aumenta las posibilidades de obtener una respuesta positiva.

CLARIDAD Y CONCISIÓN

Un correo electrónico frío eficaz va directo al grano. Mantenga su mensaje breve, claro y centrado en el valor que ofrece. Cada oración debe tener un propósito, ya sea captar la atención, resaltar un beneficio o llamar a la acción. Recuerde, el tiempo de su destinatario es precioso, así que hágalo valer.

CLARO LLAMADO A LA ACCIÓN

Su correo electrónico debe terminar con un llamado a la acción (CTA) claro y específico. Esto podría ser una solicitud de reunión, una respuesta a una pregunta específica o una oferta para enviar más información. Cualquiera que sea la CTA, debe ser simple y requerir un esfuerzo mínimo por parte del destinatario para aumentar sus posibilidades de participación.

SEGUIMIENTO ESTRATÉGICO

El seguimiento es una parte crucial del proceso de envío de correos electrónicos en frío. Si no recibe respuesta, envíe un correo electrónico de seguimiento después de unos días, recordándole amablemente al destinatario su mensaje anterior y reforzando el valor que puede ofrecer. Limitarse a uno o dos correos electrónicos de seguimiento generalmente se considera una buena práctica para evitar ser intrusivo.

PRUEBAS Y OPTIMIZACIÓN

Al igual que otras formas de marketing, el envío de correos electrónicos en frío es un proceso iterativo. Pruebe diferentes líneas de asunto, estilos de mensajes y llamados a la acción para ver qué genera la mejor respuesta. Utilice tasas de apertura, clics y respuesta para perfeccionar su enfoque con el tiempo.

El envío de correos electrónicos en frío, cuando se realiza correctamente, puede ser una estrategia de prospección excepcionalmente eficaz. Con un enfoque personalizado, claro y centrado en el valor, sus correos electrónicos no solo serán leídos, sino que también actuarán como punto de partida para relaciones comerciales valiosas.

A continuación, el siguiente capítulo, **USO DE LAS REDES SOCIALES PARA LA PROSPECCIÓN** , explorará cómo puede aprovechar las plataformas de redes sociales para identificar e involucrar a clientes potenciales, complementando sus estrategias de llamadas en frío y envío de correos electrónicos con éxito en las redes sociales. Prepárese para ampliar su alcance y fortalecer sus estrategias de prospección con el poder de las redes sociales.

USO DE LAS REDES SOCIALES PARA LA PROSPECCIÓN

Las redes sociales han transformado la forma en que nos conectamos, nos comunicamos e incluso hacemos negocios. Para los profesionales de ventas y propietarios de pequeñas empresas, ofrecen una plataforma dinámica de prospección, que les permite llegar a clientes potenciales donde ya están activos. Este capítulo se centra en estrategias eficaces para utilizar las redes sociales en la prospección, ayudándole a identificar, atraer y convertir clientes potenciales en un entorno digital.

ELEGIR LAS PLATAFORMAS ADECUADAS

El primer paso es identificar en qué plataformas de redes sociales son más activos sus clientes potenciales. Si bien LinkedIn suele ser la opción predeterminada para la prospección B2B, plataformas como Twitter, Facebook e Instagram pueden ser igualmente valiosas dependiendo de su mercado objetivo. La clave es centrar tus esfuerzos en las plataformas que ofrecen el mayor retorno de tu inversión de tiempo y recursos.

CONSTRUYENDO UN PERFIL ATRACTIVO

Antes de comenzar a realizar prospecciones, es fundamental que su propio perfil en las redes sociales esté optimizado y sea profesional. Esto significa tener una foto de perfil clara, una biografía bien escrita que destaque su valor y experiencia y, si corresponde, un portafolio de testimonios o trabajos anteriores. Tu perfil debe comunicar no sólo quién eres, sino también cómo puedes ayudar a tus clientes potenciales.

COMPROMISO AUTÉNTICO

El secreto para una prospección eficaz en las redes sociales es el compromiso auténtico. Esto podría incluir compartir contenido relevante, comentar publicaciones de clientes potenciales o participar en debates en grupos de la industria. El objetivo es construir relaciones genuinas, brindando valor y estableciéndose como una autoridad en su campo, no solo vendiendo su producto o servicio.

ESTRATEGIAS DE CONTENIDO

Crear y compartir contenido que sea informativo y atractivo es una forma poderosa de atraer clientes potenciales. Esto puede variar desde artículos de blogs y estudios de casos hasta videos e infografías. El contenido no sólo ayuda a establecer su experiencia, sino que también proporciona una razón para que los clientes potenciales se conecten e interactúen con usted.

MONITOREO E INTERACTUACIÓN

Utilice herramientas de monitoreo de redes sociales para rastrear las menciones de su marca, productos, servicios o palabras clave relevantes para la industria. Esto no solo lo ayuda a identificar oportunidades de prospección, sino que también le permite interactuar de manera proactiva con clientes potenciales respondiendo preguntas, ofreciendo soluciones o simplemente agradeciéndoles las menciones o acciones.

APROVECHANDO LA PUBLICIDAD PAGO

Las plataformas de redes sociales ofrecen sólidas opciones de publicidad paga que pueden usarse para dirigirse específicamente a su público objetivo con mensajes personalizados. Ya sea a través de anuncios de LinkedIn para llegar a profesionales de una determinada industria o campañas de Facebook para llegar a una audiencia con intereses específicos, los anuncios pagos pueden ser una forma eficaz de aumentar su alcance y generar clientes potenciales calificados.

MEDIR SU ÉXITO

Como ocurre con todas las estrategias de ventas y marketing, la medición es esencial para comprender qué funciona y qué es necesario ajustar. Utilice herramientas de análisis proporcionadas por las plataformas de redes sociales para realizar un seguimiento de la participación, el crecimiento de la audiencia y la conversión de clientes potenciales. Estos datos proporcionarán información valiosa para optimizar su enfoque de prospección.

La prospección en las redes sociales, cuando se realiza correctamente, puede ser una forma eficaz de establecer relaciones y generar clientes potenciales. Al combinar un perfil optimizado, participación auténtica, contenido valioso y monitoreo proactivo, puede transformar las redes sociales en un canal poderoso para hacer crecer su negocio.

En el futuro, el siguiente capítulo, **GESTIÓN DEL TIEMPO PARA LA PROSPECCIÓN** , cubrirá cómo organizar su agenda para maximizar el tiempo dedicado a la prospección, garantizando que pueda equilibrar eficazmente esta actividad esencial con otras responsabilidades de su negocio. Prepárese para aprender a administrar su tiempo de una manera que mejore sus estrategias de prospección.

GESTIÓN DEL TIEMPO PARA LA PROSPECCIÓN

La prospección es una actividad crucial que alimenta el embudo de ventas y sostiene el crecimiento empresarial. Sin embargo, sin una gestión eficaz del tiempo, puedes caer fácilmente en la trampa de dejar de lado la prospección en favor de tareas más inmediatas o cómodas. Este capítulo se centra en estrategias de gestión del tiempo que garantizan la asignación adecuada de recursos para la prospección y al mismo tiempo la equilibran con otras responsabilidades diarias importantes.

ESTABLECIENDO PRIORIDADES

Comience por identificar la prospección como una de sus principales prioridades. Esto significa reconocer conscientemente el valor de la prospección para el éxito a largo plazo de su negocio y comprometerse a dedicar tiempo regular a esta actividad. Recuerde, la prospección no es sólo una tarea adicional; Es el motor que impulsa el crecimiento.

BLOQUES DE TIEMPO DEDICADOS

Una técnica eficaz de gestión del tiempo es utilizar bloques de tiempo dedicados exclusivamente a la prospección. Esto podría ser unas pocas horas al día o bloques de tiempo específicos a lo largo de la semana. Durante estos momentos, minimice las distracciones y concéntrese plenamente en las actividades de prospección. La regularidad y la coherencia son claves para convertir la prospección en un hábito productivo.

AUTOMATIZACIÓN Y HERRAMIENTAS

La tecnología puede ser un gran aliado para ahorrar tiempo durante el proceso de prospección. Utilice herramientas de automatización para tareas repetitivas, como enviar correos electrónicos de seguimiento o publicar en las redes sociales. Además, utilice CRM (Cliente Gestión de relaciones) para organizar clientes potenciales, monitorear interacciones y programar recordatorios para seguimientos.

TAREAS AGRUPADAS

Agrupar tareas similares puede aumentar significativamente la eficiencia. Dedica bloques de tiempo a actividades específicas, como investigar clientes potenciales, enviar correos electrónicos, realizar llamadas telefónicas o actualizar tu CRM. Esto le ayuda a mantenerse concentrado y reducir el tiempo perdido al realizar la transición entre diferentes tipos de tareas.

DELEGACIÓN

Considere delegar actividades que no requieran su atención directa. Esto podría incluir la calificación inicial de clientes potenciales, la gestión de perfiles de redes sociales o incluso una investigación de mercado. Delegar tareas a miembros del equipo o asistentes virtuales puede liberar su tiempo para concentrarse en actividades de prospección de alto valor.

ESTABLECER METAS CLARAS

Establezca objetivos claros y mensurables para sus actividades de prospección. Esto podría incluir una cantidad específica de nuevos contactos por semana, una cantidad de correos electrónicos de prospección enviados o una cantidad de llamadas en frío realizadas. Los objetivos te ayudan a mantenerte concentrado y te brindan un criterio claro para evaluar tu progreso.

REVISIÓN Y AJUSTE

Revise periódicamente su gestión del tiempo y sus actividades de prospección. Esto implica analizar qué funciona y qué no y ajustar su enfoque según sea necesario. La adaptabilidad es crucial ya que le permite optimizar su eficacia y garantizar que su tiempo esté siempre bien invertido.

La gestión eficaz del tiempo en la prospección no sólo garantiza que esta actividad crucial reciba la atención que merece, sino que también maximiza la eficacia de sus esfuerzos. Al implementar estrategias sólidas de gestión del tiempo, puede asegurarse de que la prospección ocupe el lugar que le corresponde como una prioridad inquebrantable en su negocio diario.

A continuación, el siguiente capítulo, **RESPONDIENDO A LAS OBJECIONES** , profundizará en estrategias para convertir las objeciones en oportunidades, ayudándole a superar barreras y avanzar en las conversaciones de ventas. Esté preparado para abordar las objeciones no como obstáculos, sino como peldaños hacia el éxito de las ventas.

RESPONDIENDO A LAS OBJECIONES

Enfrentar objeciones es una parte natural del proceso de ventas. En lugar de verlos como barreras para el éxito, puede transformarlos en oportunidades para profundizar su comprensión de las necesidades del cliente y reforzar el valor de su oferta. Este capítulo explora estrategias para responder a las objeciones de manera efectiva, ayudándolo a navegar estos momentos críticos y avanzar en la conversación de ventas con confianza.

ENTENDIENDO LAS OBJECIONES

El primer paso para responder eficazmente a una objeción es comprender su origen. Las objeciones a menudo surgen de una falta de información o comprensión, preocupaciones sobre el costo o el valor o simplemente resistencia al cambio. Escuchar atentamente y hacer preguntas aclaratorias puede ayudarle a identificar la raíz de la objeción y abordarla de manera específica.

VER LAS OBJECIONES COMO OPORTUNIDADES

Cada objeción brinda la oportunidad de aprender más sobre lo que valora o le importa a su cliente potencial. Además, abordar las objeciones de manera positiva y constructiva puede fortalecer la confianza al demostrar que está genuinamente interesado en encontrar la mejor solución a sus necesidades.

ESTRUCTURA PARA RESPONDER OBJECIONES

Un marco eficaz para responder a las objeciones sigue cuatro pasos principales:

- **Escuchar:** Brindar al cliente la oportunidad de expresar plenamente su objeción sin interrupciones.

- **Aclarar:** Hacer preguntas para entender completamente la objeción. Esto también demuestra que usted está escuchando y que se preocupa por sus inquietudes.

- **Responder:** Abordar la objeción directamente, proporcionando información, ejemplos y testimonios que puedan ayudar a mitigar la preocupación.

- **Confirmar:** compruebe si su respuesta satisface la objeción del cliente y si hay más preguntas.

PERSONALIZA TU RESPUESTA

Si bien es útil tener respuestas preparadas a las objeciones comunes, la personalización es crucial. Utilice lo que sabe sobre las necesidades y deseos específicos del cliente para dar forma a su respuesta. Esto no sólo hace que su respuesta sea más relevante, sino que también demuestra el compromiso de brindar una solución verdaderamente personalizada.

RESPUESTAS BASADAS EN VALORES

Cuando los clientes expresan inquietudes sobre el precio, es una oportunidad para reforzar el valor de su producto o servicio. Explique cómo los beneficios superan el costo y cómo la oferta podría ahorrar tiempo, dinero u otros recursos a largo plazo. En este contexto, las historias de éxito de clientes similares pueden resultar especialmente convincentes.

PRACTICAR Y PREPARARSE

La práctica conduce a la perfección. Reúna objeciones comunes en su industria y practique sus respuestas. Esto no sólo le ayudará a sentirse más seguro durante las conversaciones de ventas, sino que también garantizará que sus respuestas sean coherentes, informativas y convincentes.

MANTENGA LA CONVERSACIÓN

Finalmente, después de abordar una objeción, es importante redirigir la conversación nuevamente al camino de las ventas. Haga una pregunta abierta que le permita al cliente expresar cualquier otra inquietud o regresar al diálogo sobre los beneficios y ventajas de su oferta.

Responder a las objeciones no es un obstáculo, sino una

parte integral del proceso de venta que, cuando se maneja correctamente, puede acercarte al cierre de la venta. Considere cada objeción como una oportunidad para profundizar la relación con sus clientes y solidificar su confianza en su oferta.

A medida que avancemos, el siguiente capítulo, **SEGUIMIENTO SIN SER INVASIVO**, se centrará en cómo equilibrar la perseverancia y la cortesía al realizar un seguimiento de los clientes potenciales, asegurándose de mantener la conexión sin traspasar los límites. Prepárate para aprender el arte de avanzar con respeto y eficacia.

SEGUIMIENTO SIN SER INVASIVO

El seguimiento es un paso crucial en el proceso de ventas, pero encontrar el equilibrio adecuado sin volverse intrusivo puede resultar un desafío. Este capítulo cubre estrategias efectivas para mantener el interés y avanzar en la conversación con clientes potenciales, respetando sus límites y tiempo.

LA IMPORTANCIA DEL TIEMPO

El tiempo lo es todo cuando se trata de avanzar. Tardar demasiado en ponerse en contacto puede hacer que el cliente potencial se enfríe, pero ser demasiado rápido puede parecer una presión de ventas. La clave es establecer un cronograma razonable basado en las pistas de los clientes y las normas de la industria. Después del primer contacto o presentación, dejar un espacio de unos días antes del primer seguimiento puede ser un buen punto de partida.

PERSONALIZA TUS SEGUIMIENTOS

Cada interacción con un cliente potencial debe personalizarse para reflejar conversaciones anteriores, sus intereses específicos y cualquier objeción que se haya planteado. Esto demuestra que estás atento a sus necesidades e inquietudes, y no solo envías mensajes genéricos. La personalización aumenta la relevancia de su seguimiento y la probabilidad de una respuesta positiva.

APORTA VALOR EN CADA INTERACCIÓN

Cada seguimiento debe ofrecer valor adicional al cliente potencial. Esto podría ser en forma de conocimientos de la industria, artículos relevantes, estudios de casos o demostraciones de cómo su producto o servicio puede resolver un problema específico al que se enfrentan. Proporcionar valor continuamente refuerza la percepción de que estás interesado en ayudar, no sólo en vender.

UTILICE MÚLTIPLES CANALES DE COMUNICACIÓN

Diversificar los canales de comunicación puede ayudar a mantener el seguimiento actualizado y menos intrusivo. Además del correo electrónico, considere utilizar llamadas telefónicas, mensajes de LinkedIn o incluso notas escritas a mano, según la relación y las preferencias del cliente. Lo importante es respetar las preferencias del cliente sobre cómo le gustaría ser contactado.

EL ARTE DE PREGUNTAR

Fomente el diálogo haciendo preguntas abiertas en sus seguimientos. Esto no solo brinda al cliente una oportunidad fácil de responder, sino que también puede revelar información valiosa sobre sus dudas o necesidades. Preguntas como "¿Hay alguna información adicional que pueda proporcionarle para ayudarle con su decisión?" invitar a la interacción sin presiones.

SABER CUÁNDO RETROCEDER

Reconocer cuándo dejar de insistir es tan importante como saber cuándo seguir adelante. Si un cliente potencial expresa claramente que no está interesado o pide no ser contactado nuevamente, respete su solicitud. Mantener una conducta profesional y cortés deja la puerta abierta para futuras interacciones en caso de que las circunstancias cambien.

SEGUIMIENTO Y AJUSTE DE SU ENFOQUE

Es clave realizar un seguimiento de sus tasas de respuesta y ajustar sus estrategias de seguimiento en función de lo que funciona. Tome nota de qué enfoques generan la mayor participación y esté dispuesto a probar nuevas técnicas para mejorar su efectividad.

Avanzar sin ser intrusivo es un equilibrio delicado que requiere atención al detalle, personalización y respeto por las preferencias y límites del cliente. Al implementar las estrategias anteriores, puede mantener una comunicación efectiva que impulse la venta sin comprometer la relación con el cliente.

Continuando, el siguiente capítulo, **USO DE CONTENIDO PARA ATRAER CLIENTES** , profundizará en la creación y el uso estratégico de contenido para respaldar sus esfuerzos de prospección, atrayendo prospectos mediante la demostración de valor y conocimiento. Prepárese para explorar cómo el marketing de contenidos puede ser una herramienta poderosa en su arsenal de ventas.

USO DE CONTENIDO PARA ATRAER CLIENTES

En el panorama actual de ventas y marketing, el contenido juega un papel clave para atraer e involucrar a clientes potenciales. Al ofrecer información valiosa y relevante, no sólo establece su marca como una autoridad en la industria, sino que también crea un camino para que los clientes potenciales acudan a usted. Este capítulo explora cómo utilizar estratégicamente el contenido para respaldar sus esfuerzos de prospección y atraer clientes.

DEFINIENDO TU ESTRATEGIA DE CONTENIDO

Antes de empezar a crear contenido, es importante definir una estrategia clara. Esto incluye comprender a su público objetivo, identificar los temas que son más relevantes para ellos y determinar los mejores canales para distribuir su contenido. Su estrategia de contenido debe alinearse con sus objetivos de prospección y ventas, con el objetivo de resolver problemas o responder preguntas que puedan tener sus clientes potenciales.

TIPOS DE CONTENIDOS PARA ATRAER CLIENTES

- **Publicaciones de blog:** los artículos informativos que cubren temas relevantes para su audiencia pueden ayudar a mejorar su visibilidad en los motores de búsqueda y establecer su marca como un recurso valioso.

- **Libros electrónicos y documentos técnicos:** se puede utilizar contenido más extenso y detallado para generar clientes potenciales pidiendo a los visitantes que proporcionen su información de contacto a cambio de la descarga.

- **Vídeos:** los vídeos explicativos, los testimonios de clientes y las descripciones generales de productos son muy atractivos y se pueden compartir fácilmente en las redes sociales.

- **Infografía:** la información compleja presentada de forma visual y accesible puede ayudar a captar la atención y facilitar el intercambio en línea.

- **Seminarios web:** las sesiones educativas en línea pueden ser una excelente manera de demostrar su experiencia e interactuar directamente con clientes potenciales.

PROMOCIONANDO TU CONTENIDO

Crear contenido valioso es sólo la mitad de la batalla; promoverlo eficazmente es igualmente importante. Utilice las redes sociales, correos electrónicos, SEO e incluso asociaciones con personas influyentes u otras marcas para ampliar el alcance de su contenido. La promoción cruzada entre diferentes canales puede aumentar significativamente la visibilidad y la participación.

MEDICIÓN DEL ÉXITO DEL CONTENIDO

Para comprender el impacto de su contenido, es fundamental realizar un seguimiento de métricas como el tráfico del sitio web, la participación en las redes sociales, las descargas de activos y, lo más importante, las conversiones de clientes potenciales. Esta información le ayudará a perfeccionar su estrategia de contenido y centrarse en los tipos de contenido que generan los mejores resultados.

EL CONTENIDO COMO HERRAMIENTA DE PROSPECCIÓN

Además de atraer clientes potenciales, el contenido se puede utilizar activamente en la prospección. Incluir enlaces a contenido relevante en correos electrónicos fríos o mensajes de redes sociales puede agregar valor a su comunicación y aumentar las tasas de respuesta. El contenido también puede ser un excelente punto de partida para discusiones durante llamadas o reuniones de ventas.

CONSTRUYENDO RELACIONES A TRAVÉS DEL CONTENIDO

Por último, el contenido no es sólo una herramienta para atraer clientes, sino también para construir y fomentar relaciones con ellos. Al proporcionar contenido coherente y valioso, mantiene su marca en la mente de los clientes y establece una base de confianza que puede conducir a relaciones comerciales duraderas.

El uso estratégico de contenido para atraer clientes es un enfoque poderoso en la era digital. Al crear y promover contenido que resuene con su público objetivo, no solo puede aumentar su visibilidad y autoridad, sino también generar clientes potenciales calificados y establecer relaciones significativas con clientes potenciales.

En el futuro, el siguiente capítulo, **ESTRATEGIAS DE SEO PARA LA GENERACIÓN DE LEADS** , analizará cómo optimizar su presencia en línea para que lo encuentren clientes potenciales, garantizando que su contenido y su marca lleguen a la audiencia adecuada en el momento adecuado. Prepárese para explorar el poder del SEO en su estrategia de prospección.

ESTRATEGIAS DE SEO PARA LA GENERACIÓN DE LEADS

La optimización de motores de búsqueda (SEO) es una herramienta poderosa para mejorar la visibilidad en línea de su marca y atraer clientes potenciales de manera orgánica. La clave para una estrategia de SEO eficaz es garantizar que los clientes potenciales encuentren su contenido y su sitio web cuando busquen las soluciones que usted ofrece. Este capítulo explora estrategias fundamentales de SEO para mejorar la generación de leads.

ENTENDIENDO EL SEO

El SEO implica una serie de prácticas diseñadas para mejorar la posición de su sitio web en los resultados de búsqueda de términos y frases relevantes. Esto se logra optimizando varios elementos de su sitio web, incluido el contenido, la estructura, las metaetiquetas, los enlaces internos y externos, entre otros. El objetivo es hacer que su sitio web sea más atractivo para los motores de búsqueda y los usuarios.

INVESTIGACIÓN DE PALABRAS CLAVE

El primer paso en cualquier estrategia de SEO es la investigación de palabras clave. Esto implica identificar los términos que utiliza su público objetivo cuando busca información, productos o servicios relacionados con su negocio. Herramientas como Google Keyword Planner y SEMrush pueden ayudarle a identificar estas palabras clave, así como el volumen de búsqueda y la competencia por ellas.

OPTIMIZACIÓN EN PÁGINA

Una vez que haya identificado las palabras clave objetivo, el siguiente paso es integrarlas en su sitio web. Esto incluye optimizar títulos, meta descripciones, encabezados y el contenido de la página en sí para incluir sus palabras clave de una manera natural y relevante. Además, asegúrese de que su sitio web tenga una estructura lógica que sea fácil de navegar tanto para los usuarios como para los motores de búsqueda.

CONTENIDO DE CALIDAD

El contenido es el corazón del SEO. Producir contenido original, valioso y relevante no sólo atrae visitantes a su sitio web, sino que también anima a otros sitios web a vincularse al suyo, lo que puede mejorar significativamente su clasificación en los motores de búsqueda. Blogs, estudios de casos, libros electrónicos, infografías y vídeos son formatos de contenido que pueden optimizarse para SEO.

SEO TÉCNICO

El SEO técnico se refiere a optimizar la infraestructura de su sitio web para garantizar que los motores de búsqueda lo indexen y clasifiquen de manera efectiva. Esto incluye mejorar la velocidad del sitio, garantizar que su sitio sea compatible con dispositivos móviles , usar SSL, optimizar las URL y crear un archivo sitemap.xml para ayudar a los motores de búsqueda a rastrear su sitio más fácilmente.

CONSTRUCCIÓN DE ENLACES

Crear un perfil de vínculo de retroceso sólido es otro componente crucial del SEO. Esto implica obtener enlaces de otros sitios de autoridad al suyo. Las estrategias para lograr esto incluyen la creación de contenido para compartir, blogs invitados y participación en directorios de empresas relevantes. Los enlaces de calidad indican a los motores de búsqueda que su sitio es una fuente confiable de información.

MEDICIÓN Y AJUSTE

Finalmente, es crucial monitorear el desempeño de su sitio web en los motores de búsqueda y ajustar su estrategia según sea necesario. Herramientas como Google Analytics y Google Search Console pueden proporcionar información valiosa sobre el tráfico del sitio web, las conversiones y el rendimiento de sus palabras clave, lo que le permite perfeccionar continuamente su enfoque de

SEO para mejorar la generación de clientes potenciales.

Una estrategia de SEO bien ejecutada puede aumentar significativamente la visibilidad de su sitio web, atraer tráfico calificado y generar clientes potenciales de forma orgánica. Al centrarse en la investigación de palabras clave, la optimización de la página, el contenido de calidad, el SEO técnico y la construcción de enlaces, puede mejorar su clasificación en los motores de búsqueda y captar la atención de clientes potenciales en el momento adecuado.

En el futuro, el próximo capítulo, **HERRAMIENTAS DIGITALES Y AUTOMATIZACIÓN EN LA PROSPECCIÓN** , explorará cómo la tecnología puede simplificar y hacer que sus estrategias de prospección sean más eficientes, permitiéndole concentrarse en construir relaciones y cerrar ventas. Prepárese para descubrir herramientas que pueden transformar su enfoque de prospección.

HERRAMIENTAS DIGITALES Y AUTOMATIZACIÓN EN LA PROSPECCIÓN

En el mundo digital actual, la tecnología ofrece una multitud de herramientas que pueden optimizar y automatizar muchos aspectos de la prospección, haciendo que el proceso sea más eficiente y permitiéndole dedicar más tiempo a la interacción humana significativa. Este capítulo explora las herramientas digitales y la automatización en la prospección, destacando cómo pueden transformar sus estrategias de prospección.

CRM (GESTIÓN DE RELACIONES CON CLIENTES)

Los sistemas CRM son el corazón de la prospección digital y le permiten organizar, rastrear y gestionar clientes potenciales y clientes durante todo el ciclo de ventas. Proporcionan una vista de 360 grados de las interacciones con sus clientes, historial de compras, preferencias y más, lo que facilita la personalización de su enfoque de ventas e identificar oportunidades de ventas adicionales y cruzadas.

AUTOMATIZACIÓN DE CORREO ELECTRÓNICO

La automatización del correo electrónico le permite enviar correos electrónicos personalizados a listas segmentadas de contactos en función de acciones específicas, como visitar una página de su sitio web, descargar un recurso o abandonar un carrito de compras. Las campañas de fomento de clientes potenciales se pueden automatizar para ofrecer contenido relevante en intervalos programados, moviendo a los clientes potenciales a través del embudo de ventas de manera eficiente.

HERRAMIENTAS DE PROSPECCIÓN E INVESTIGACIÓN

Hay varias herramientas disponibles diseñadas específicamente para ayudar a identificar e investigar clientes potenciales. Estas herramientas pueden proporcionar información valiosa, como detalles de contacto, tamaño de la empresa, industria e incluso señales de compra, lo que le permite personalizar su enfoque de prospección y dirigir sus esfuerzos hacia los clientes potenciales más prometedores.

AUTOMATIZACIÓN DE PROGRAMACIÓN

Las herramientas de programación automatizadas como Calendly o HubSpot Meetings permiten a los clientes potenciales programar reuniones o llamadas contigo sin la necesidad de interminables intercambios de correo electrónico. Estas herramientas se pueden integrar en su calendario, mostrando su disponibilidad en tiempo real y automatizando recordatorios de reuniones, mejorando la experiencia del cliente y ahorrando tiempo.

HERRAMIENTAS DE SEGUIMIENTO Y VENTA SOCIAL

La venta social es una estrategia importante en la prospección moderna. Las herramientas de monitoreo de redes sociales le permiten realizar un seguimiento de las menciones de su marca, las palabras clave relevantes y la actividad de la competencia. Además, plataformas como LinkedIn Sales Navigator están diseñadas para ayudar con la prospección B2B al ofrecer funciones de búsqueda avanzadas y recomendaciones personalizadas de clientes potenciales.

ANÁLISIS E INFORMES

Las herramientas de análisis y generación de informes brindan información valiosa sobre el desempeño de sus estrategias de prospección, desde la efectividad de las campañas de correo electrónico hasta la participación en las redes sociales y las conversiones de sitios web. Estos datos te permiten ajustar tus tácticas en tiempo real, centrando los esfuerzos en las actividades que generan mejores resultados.

CONSIDERACIONES DE PRIVACIDAD Y CUMPLIMIENTO

Al implementar herramientas digitales y automatización, es vital considerar cuestiones de privacidad y cumplimiento, especialmente en relación con regulaciones como GDPR. Asegúrese de que sus prácticas cumplan con las normas y de que siempre se dé prioridad a la privacidad de los datos de los clientes.

Las herramientas digitales y la automatización en la prospección no tienen que ver sólo con la eficiencia; se trata de mejorar la calidad de las interacciones con los clientes potenciales y personalizar el recorrido de ventas según sus necesidades específicas. Al adoptar estas tecnologías, puede transformar su enfoque de prospección, creando más oportunidades de ventas y forjando relaciones más sólidas con los clientes.

El próximo capítulo, **CREAR Y MANTENER RELACIONES DURADERAS CON LOS CLIENTES** , profundizará en cómo convertir estos contactos iniciales en relaciones duraderas y rentables, utilizando las herramientas y estrategias discutidas para maximizar el valor para el cliente a largo plazo. Prepárese para descubrir el secreto para convertir clientes potenciales en clientes leales.

CREAR Y MANTENER RELACIONES DURADERAS CON LOS CLIENTES

Construir relaciones duraderas con los clientes va más allá de la conversión de ventas. Se trata de cultivar la confianza, ofrecer valor continuo y crear una experiencia positiva que fomente la lealtad del cliente a largo plazo. Este capítulo se centra en estrategias efectivas no sólo para ganar nuevos clientes, sino también para mantener esas relaciones creciendo y prosperando con el tiempo.

CONOCIENDO A TUS CLIENTES

Una relación duradera comienza con una comprensión profunda de quiénes son sus clientes, sus necesidades, deseos, desafíos y cómo sus productos o servicios encajan en sus vidas. Utilice los datos recopilados durante el proceso de ventas, los comentarios directos y las interacciones para crear perfiles de clientes detallados, lo que le permitirá personalizar sus comunicaciones y ofertas.

COMUNICACIÓN CONSISTENTE Y PERSONALIZADA

Mantenga una comunicación regular con sus clientes, pero asegúrese de que cada interacción aporte valor. Utilice los datos recopilados para personalizar sus mensajes, ya sea a través de correos electrónicos personalizados, ofertas exclusivas o contenido relevante. Recuerde, la personalización es clave para que los clientes se sientan valorados y comprendidos.

BRINDAR SOPORTE EXCEPCIONAL

Un excelente servicio al cliente es fundamental para mantener relaciones duraderas. Esto significa no sólo resolver los problemas rápidamente, sino también superar las expectativas siempre que sea posible. Proporcione múltiples canales de soporte, capacite a su equipo para que sea empático y servicial, y busque siempre comentarios para mejorar.

RECOMPENSAR LA LEALTAD

Los programas de fidelización y recompensas pueden ser una

forma eficaz de animar y agradecer a los clientes por su continuo patrocinio. Ofertas exclusivas, descuentos, acceso temprano a nuevos productos o servicios y reconocimiento en las plataformas de redes sociales son formas de mostrar agradecimiento y reforzar la lealtad del cliente.

INVOLUCRAR A LOS CLIENTES EN LA EVOLUCIÓN DEL PRODUCTO

Los clientes se sienten más comprometidos y valorados cuando tienen voz y voto en el desarrollo de productos o servicios. Considere implementar programas de comentarios de los clientes o grupos focales para recopilar información que pueda guiar las innovaciones o mejoras. Comunicar cómo los comentarios de los clientes contribuyeron a los cambios también puede fortalecer la relación.

SEGUIMIENTO POSTVENTA

La relación con el cliente no termina con la venta. Los seguimientos posventa para verificar la satisfacción del cliente y brindar soporte adicional pueden convertir una venta única en una relación continua. Esta también puede ser una oportunidad para recopilar comentarios valiosos e identificar oportunidades de ventas adicionales o cruzadas .

CONSTRUIR UNA COMUNIDAD

Crear una comunidad en torno a su marca puede fomentar un sentido de pertenencia entre sus clientes. Esto se puede hacer a través de foros en línea, grupos de redes sociales o eventos exclusivos para clientes. Una comunidad activa no sólo apoya a los clientes existentes, sino que también puede atraer nuevos clientes a través de referencias y recomendaciones.

ESTAR PRESENTE Y DISPONIBLE

Finalmente, estar presente y accesible para sus clientes comunica que valora la relación. Ser receptivo en las redes sociales, ofrecer canales de comunicación directos y estar disponible para hablar y resolver cualquier problema que surja.

Crear y mantener relaciones duraderas con los clientes es una inversión continua para el éxito a largo plazo de su negocio. Al concentrarse en conocer a sus clientes, personalizar la comunicación, brindarles un soporte excepcional e involucrarlos en el recorrido de su marca, puede construir una base de clientes leales que no solo continuarán comprándole, sino que también se convertirán en defensores de su marca.

Continuando, el siguiente capítulo, **MEDICIÓN DE SU ÉXITO DE PROSPECCIÓN** , detallará cómo identificar y utilizar indicadores clave de desempeño (KPI) para evaluar y refinar sus estrategias de prospección y relación con el cliente, asegurando que sus esfuerzos estén alineados con los objetivos de crecimiento de su negocio. Prepárese para aprender cómo medir el éxito de sus iniciativas de manera efectiva.

MEDICIÓN DE SU ÉXITO DE PROSPECCIÓN

Para garantizar que sus estrategias de prospección y relación con los clientes sean efectivas y contribuyan al crecimiento de su negocio, es fundamental medir el éxito de estas iniciativas. Este capítulo analiza cómo identificar, monitorear y utilizar indicadores clave de desempeño (KPI) para evaluar la efectividad de sus técnicas de prospección y ajustar sus estrategias según sea necesario.

ESTABLECIMIENTO DE KPIS DE PROSPECCIÓN

Los KPI de prospección deben estar alineados con los objetivos generales de ventas y marketing de su empresa. Algunos KPI fundamentales incluyen:

- **Tasa de conversión de clientes potenciales:** el porcentaje de clientes potenciales que se convierten en clientes de pago. Este indicador puede ayudarle a evaluar la calidad de los clientes potenciales generados por sus actividades de prospección.

- **Costo por cliente potencial (CPL):** el costo total de generar clientes potenciales dividido por el número total de clientes potenciales. Este KPI es crucial para evaluar la eficiencia de sus esfuerzos de marketing y prospección.

- **Tasa de respuesta:** El porcentaje de contactos que responden a sus intentos de prospección, como correos electrónicos o llamadas. Una tasa de respuesta baja puede indicar la necesidad de ajustar su mensaje o enfoque.

- **Tiempo de cierre:** El tiempo medio necesario para convertir un cliente potencial en cliente. Este KPI puede ayudar a identificar cuellos de botella en el proceso de ventas.

- **Valor del ciclo de vida del cliente (CLV):** Los ingresos totales esperados de un cliente a lo largo de su relación con la empresa. Este indicador resalta la importancia de mantener relaciones duraderas con los clientes.

SEGUIMIENTO Y ANÁLISIS DE DATOS

Una vez establecidos los KPI, el siguiente paso es implementar sistemas para recopilar y analizar estos datos. Las herramientas de CRM, la automatización del marketing y las plataformas de análisis web pueden proporcionar información valiosa sobre el desempeño de sus actividades de prospección. Supervise estos KPI con regularidad para identificar tendencias, éxitos y áreas que requieren atención.

AJUSTE DE ESTRATEGIAS BASADAS EN DATOS

El análisis de los KPI puede revelar información crucial que le permitirá ajustar sus estrategias de prospección para mejorar el rendimiento. Por ejemplo, si su tasa de conversión de clientes potenciales es baja, puede indicar la necesidad de revisar su público objetivo o su propuesta de valor. Si su CPL es alto, explore formas de optimizar sus campañas de marketing para reducir costos.

PRUEBAS A/B

Implementar pruebas A/B en tus campañas de prospección puede ayudarte a determinar qué estrategias, mensajes o canales son más efectivos. Compare diferentes enfoques para ver cuál genera mejores resultados en términos de tasas de conversión, respuesta y participación.

ESCUCHAR LOS COMENTARIOS DE LOS CLIENTES

Además de los KPI cuantitativos, los comentarios cualitativos de los clientes son una rica fuente de información. Las encuestas de satisfacción del cliente, los comentarios y reseñas posventa pueden proporcionar información valiosa sobre cómo mejorar su enfoque de prospección y fortalecer las relaciones con los clientes.

Medir el éxito de su prospección es esencial para comprender el impacto de sus estrategias en el crecimiento empresarial. Al establecer KPI claros, monitorear periódicamente el desempeño y ajustar sus tácticas en función de datos concretos y comentarios de los clientes, puede optimizar sus actividades de prospección para lograr resultados mejores y más sostenibles.

A medida que avancemos, el próximo capítulo, **MANERAS CREATIVAS DE GENERAR CLIENTES**, explorará estrategias innovadoras para identificar y capturar clientes potenciales, animándolo a pensar de manera innovadora en sus propias iniciativas de prospección. Prepárese para descubrir enfoques únicos que pueden diferenciar su negocio y atraer más clientes potenciales.

MANERAS CREATIVAS DE GENERAR CLIENTES

La generación de leads es el motor que impulsa el crecimiento empresarial, pero en un mercado cada vez más saturado, diferenciarse de la competencia requiere creatividad e innovación. Este capítulo presenta estrategias creativas y no convencionales para generar clientes potenciales, animándolo a explorar nuevos enfoques para atraer clientes potenciales.

GAMIFICACIÓN PARA EL COMPROMISO

La incorporación de elementos de juego en su estrategia de marketing puede aumentar significativamente la participación y capturar información de los clientes potenciales de una manera divertida. Por ejemplo, crear un cuestionario interactivo relacionado con su industria, donde los participantes proporcionen su correo electrónico para ver los resultados, puede ser una forma efectiva de generar clientes potenciales calificados y al mismo tiempo ofrecer valor.

ASOCIACIONES CON INFLUENCIADORES DE NICHO

Colaborar con personas influyentes que tienen un público objetivo similar al suyo puede abrir su negocio a una base de clientes completamente nueva. La clave es elegir personas influyentes cuyos valores y audiencia se alineen bien con su marca, asegurando que la asociación sea auténtica y atractiva para ambas audiencias.

EVENTOS VIRTUALES TEMÁTICOS

Organizar eventos virtuales como seminarios web, talleres o incluso happy hours virtuales temáticos puede ser una excelente manera de generar interés y recopilar información sobre clientes potenciales. Estos eventos no solo posicionan su marca como líder intelectual en su industria, sino que también crean un entorno propicio para la interacción directa con clientes potenciales.

CONCURSOS Y SORTEO EN REDES SOCIALES

Los concursos y sorteos son técnicas comprobadas para generar participación y captar clientes potenciales. Al pedir a los participantes que sigan sus páginas, compartan su contenido o etiqueten a sus amigos, no solo amplía su alcance sino que también recopila datos de contacto valiosos para futuras campañas de marketing.

OFERTAS EXCLUSIVAS PARA SEGUIDORES

Crear ofertas exclusivas para sus seguidores de las redes sociales o suscriptores del boletín puede motivar el intercambio y las suscripciones, generando nuevos clientes potenciales. Ya sea un descuento especial, acceso temprano a productos o contenido exclusivo, estas ofertas fomentan la acción y refuerzan la lealtad a la marca.

MARKETING DE CONTENIDOS INTERACTIVOS

Desarrollar contenido interactivo, como calculadoras en línea, infografías interactivas o libros electrónicos dinámicos, puede ser una forma eficaz de atraer clientes potenciales. Este tipo de contenido no sólo es más atractivo, sino que también se puede personalizar para recopilar información específica de los usuarios, lo que ayuda a calificar a los clientes potenciales.

ALIANZAS CON OTRAS EMPRESAS

Identifique empresas no competidoras que ofrezcan productos o servicios complementarios a los suyos y explore oportunidades de promoción cruzada. Esto podría incluir intercambios de contenido, paquetes de productos compartidos o eventos conjuntos, ampliando el alcance de ambas empresas y accediendo a nuevos grupos de clientes potenciales.

MARKETING DE REFERENCIA

Alentar a sus clientes existentes a recomendar nuevos clientes puede ser una de las formas más efectivas y económicas de generar clientes potenciales. Ofrezca incentivos tanto al referente como al referido para motivar la participación y garantizar que ambos vean valor en la transacción.

Generar clientes potenciales requiere una combinación de estrategia, creatividad y voluntad de probar nuevos enfoques. Al implementar estas ideas creativas, no solo puede aumentar su base de clientes potenciales, sino también fortalecer la presencia de su marca y construir relaciones más significativas con sus clientes.

El próximo capítulo, **VENDER SIN VENDER** , se centrará en cómo abordar la prospección y las ventas de una manera que minimice la presión y maximice el valor para sus clientes potenciales, creando una experiencia más auténtica y satisfactoria para ambas partes. Prepárese para explorar técnicas que le permitan vender de manera más efectiva manteniendo la integridad y autenticidad en cada interacción.

VENDER SIN VENDER

El arte de vender sin que parezca que se está vendiendo, también conocido como venta consultiva o venta basada en valores, es una habilidad crucial para construir relaciones duraderas y lograr un éxito de ventas sostenible. Este capítulo explora cómo puede abordar la prospección y las ventas de una manera que conduzca naturalmente a la conversión, sin presionar directamente al cliente, creando una experiencia auténtica y satisfactoria para ambas partes.

ENFOCARSE EN LA SOLUCIÓN, NO EN EL PRODUCTO

Un enfoque eficaz es centrarse en comprender los problemas o necesidades del cliente y luego presentar su oferta como la solución. Esto significa escuchar activamente durante las conversaciones, hacer preguntas pertinentes para profundizar su comprensión y luego personalizar su comunicación para mostrar cómo su producto o servicio puede satisfacer las necesidades específicas de sus clientes.

CONSTRUIR RELACIONES, NO REALIZAR TRANSACCIONES

Priorice la relación a largo plazo en lugar de centrarse en la transacción inmediata. Muestre interés genuino en el éxito del cliente y esté dispuesto a ofrecer ayuda o consejo, incluso si no resulta inmediatamente en una venta. Este enfoque genera confianza y credibilidad, aumentando las posibilidades de que el cliente acuda a usted cuando esté listo para comprar.

LA EDUCACIÓN COMO HERRAMIENTA DE VENTAS

Proporcionar contenido educativo que ayude a los clientes a comprender mejor su propio problema y las posibles soluciones puede ser una forma poderosa de vender sin vender. Los seminarios web, libros electrónicos, estudios de casos y blogs son herramientas eficaces para educar a su audiencia y establecer su marca como una fuente confiable de información y un socio valioso.

USO DE COMENTARIOS Y TESTIMONIOS

Compartir historias de éxito y testimonios de clientes satisfechos puede ser una forma sutil de vender su producto o servicio, permitiendo que las experiencias de otros hablen de la calidad y eficacia de su oferta. Esto no sólo demuestra el valor de lo que ofrece, sino que también reduce la percepción de riesgo del cliente.

OFRECER PRUEBAS O DEMOSTRACIONES GRATUITAS

Permitir que los clientes potenciales prueben su producto o servicio sin compromiso puede ser una forma eficaz de vender sin presiones. Ya sea que ofrezca una prueba, muestras gratuitas o una demostración, le brinda a su cliente la oportunidad de ver por sí mismo el valor de su oferta.

ESCUCHAR Y ADAPTARSE

Preste atención a las señales de los clientes y prepárese para adaptar su enfoque. Si un cliente potencial no parece interesado o no está dispuesto a comprar, no fuerce la venta. En su lugar, pregunte cómo puede ayudar de otras maneras o si hay un mejor momento para reanudar la conversación.

SER TRANSPARENTE

La transparencia sobre los precios, las características y las limitaciones de su producto o servicio puede reforzar la confianza del cliente y demostrar integridad. Los clientes valoran la honestidad y es más probable que hagan negocios con empresas que los tratan con respeto y apertura.

Vender sin vender se trata de crear valor, establecer confianza y cultivar relaciones. Al centrarse en comprender y satisfacer las necesidades de sus clientes, no sólo mejora su experiencia de compra, sino que también sienta las bases para el éxito a largo plazo de su negocio.

En el futuro, el siguiente capítulo, **NEGOCIACIÓN Y CIERRE DE VENTAS** , profundizará en las técnicas y estrategias para negociar y cerrar ventas de manera efectiva, garantizando que pueda convertir prospectos en clientes que paguen de manera eficiente y ética. Prepárese para mejorar sus habilidades de negociación y cierre, cruciales para cualquier profesional de ventas.

NEGOCIACIÓN Y CIERRE DE VENTAS

La fase final del proceso de venta, negociación y cierre, es donde se ponen a prueba todas tus habilidades y esfuerzos previos. Este capítulo se centra en estrategias efectivas para negociar términos favorables y cerrar ventas de manera eficiente y ética, asegurando la satisfacción del cliente y formando una base sólida para relaciones duraderas.

ESTABLECER CONFIANZA Y CREDIBILIDAD

El éxito en la negociación comienza mucho antes de discutir términos específicos. A lo largo de todo el proceso de ventas, es fundamental generar confianza y establecer su credibilidad. Esto se logra mediante una comprensión profunda de las necesidades del cliente, una comunicación transparente y una demostración consistente del valor que aporta su oferta.

ENTENDIENDO LAS NECESIDADES DEL CLIENTE

Una negociación eficaz requiere una comprensión clara de las prioridades y limitaciones del cliente. Antes de entrar en la negociación, asegúrate de conocer sus objetivos, qué es lo que más valoran en tu oferta y cuáles son sus puntos de presión. Esto le permite adaptar su propuesta de manera que alinee los beneficios de su producto o servicio con las necesidades específicas del cliente.

TÉCNICAS DE NEGOCIACIÓN

- **Escuchar más, hablar menos:** La capacidad de escuchar activamente durante una negociación es más valiosa que la capacidad de hablar de forma persuasiva. Al escuchar, puede identificar los verdaderos intereses del cliente y adaptar su propuesta para satisfacer esos intereses.

- **Cree opciones beneficiosas para todos:** busque formas de ampliar el "pastel" en lugar de simplemente dividir lo que hay sobre la mesa. Esto puede implicar ofrecer soluciones creativas que satisfagan las necesidades del cliente y al mismo tiempo protejan sus intereses.

- **Esté preparado para hacer concesiones:** sepa de antemano qué aspectos de su oferta son negociables y hasta dónde puede llegar. Ofrecer concesiones estratégicas puede ayudar a facilitar un trato, siempre y cuando no comprometan el valor central de lo que ofrece.

CERRANDO LA VENTA

Cerrar la venta es tanto una cuestión de tiempo como de técnica. Identifique señales de que el cliente está listo para comprar, como preguntas específicas sobre precios o implementación, y prepárese para ofrecer un llamado a la acción claro.

- **Resuma los beneficios:** reitere el valor que ofrece su solución resumiendo los beneficios clave y cómo satisfacen las necesidades identificadas del cliente.

- **Resolver las objeciones restantes:** Antes de finalizar la venta, asegúrese de abordar y resolver las objeciones restantes que pueda tener el cliente.

- **Proponer el siguiente paso:** Ser específico sobre lo que sucede a continuación, guiando al cliente por los pasos finales del proceso de compra.

DESPUÉS DE LAS VENTAS

El proceso de venta no finaliza con la firma del contrato. El seguimiento posventa es crucial para garantizar la satisfacción del cliente, resolver cualquier problema que surja y sentar las bases para futuras ventas o upselling . Mantenga abiertas las líneas de comunicación y controle periódicamente cómo le está yendo al cliente con su solución.

La negociación y el cierre de ventas requieren una combinación de preparación, comprensión de las necesidades del cliente, habilidades de comunicación y sincronización. Al abordar esta fase final del proceso de ventas con empatía, ética y enfoque en la creación de valor, podrás cerrar más ventas y construir relaciones duraderas con tus clientes.

En el futuro, el próximo capítulo, **CUIDADO PERSONAL Y GESTIÓN DEL ESTRÉS EN VENTAS** , resaltará la importancia de mantener el bienestar personal en un entorno de ventas de alta presión, ofreciendo estrategias para gestionar el estrés y mantener la productividad. Prepárese para descubrir cómo equilibrar el éxito en las ventas con la salud y la satisfacción personal.

CUIDADO PERSONAL Y GESTIÓN DEL ESTRÉS EN VENTAS

Una carrera en ventas, aunque gratificante, puede ser una fuente de estrés importante debido a las constantes presiones de objetivos, el rechazo frecuente y la necesidad de rendir siempre al máximo. Este capítulo aborda la importancia del autocuidado y el manejo del estrés, ofreciendo estrategias prácticas para que los profesionales de ventas mantengan su bienestar físico y mental, asegurando no sólo el éxito en las ventas, sino también la salud y satisfacción personal.

RECONOCER EL ESTRÉS

El primer paso para gestionar el estrés es reconocerlo. Esto puede manifestarse de varias formas, entre ellas cansancio, irritabilidad, ansiedad, dificultad para concentrarse, entre otras. Aceptar que el estrés es parte de la vida y una carrera en ventas le permite adoptar un enfoque proactivo para gestionarlo.

ESTRATEGIAS DE AUTOCUIDADO

- **Ejercicio regular:** La actividad física es una forma eficaz de reducir el estrés. Encuentre una forma de ejercicio que disfrute, ya sea correr, hacer yoga o andar en bicicleta, e incorpórela regularmente a su rutina.

- **Alimentación saludable:** Una dieta equilibrada puede influir positivamente en tu energía y estado de ánimo. Priorice los alimentos ricos en nutrientes y manténgase hidratado.

- **Sueño de calidad:** Garantizar un buen sueño nocturno es crucial para controlar el estrés. Establezca una rutina relajante a la hora de acostarse y trate de mantener una hora constante para acostarse y despertarse.

TÉCNICAS DE MANEJO DEL ESTRÉS

- **Meditación y atención plena:** las prácticas de meditación y atención plena pueden ayudar a calmar la mente y reducir el estrés. Incluso unos pocos minutos al día pueden marcar una diferencia significativa.

- Tiempo para pasatiempos e intereses: dedicar tiempo a las actividades que le gustan fuera del trabajo puede ayudarle a relajarse y mantener el equilibrio entre el trabajo y la vida personal.

- Red de apoyo: Tener una red de apoyo, ya sea de compañeros, amigos o familiares, es fundamental. Compartir experiencias y desafíos puede brindar alivio y nuevas perspectivas.

ESTABLECIENDO LÍMITES

Aprender a establecer límites saludables entre el trabajo y la vida personal es esencial para controlar el estrés. Esto puede incluir establecer horarios específicos para revisar los correos electrónicos del trabajo, decir no a demandas poco realistas y garantizar suficiente tiempo para el descanso y el ocio.

REFLEXIÓN Y AJUSTE

Permítete momentos regulares para reflexionar sobre tu bienestar y progresar con estrategias de autocuidado. Sea amable consigo mismo y reconozca que controlar el estrés es un proceso continuo. Esté abierto a ajustar sus estrategias según sea necesario para encontrar lo que funcione mejor para usted.

Cuidarse a sí mismo es esencial para mantener la productividad y la satisfacción en una carrera en ventas. Al adoptar estrategias de autocuidado y manejo del estrés, podrá afrontar de manera más eficaz los desafíos inherentes a la profesión, garantizando no sólo el éxito en las ventas, sino también una vida más equilibrada y gratificante.

A continuación, el siguiente y último capítulo, **PLAN DE ACCIÓN DE 30 DÍAS PARA LA PROSPECCIÓN ACTIVA**, proporcionará una guía paso a paso para poner en práctica las estrategias y los conocimientos analizados a lo largo del libro, ayudándole a empezar a construir su base de clientes ahora. Prepárese para trazar un camino claro hacia el éxito de la prospección.

PLAN DE ACCIÓN DE 30 DÍAS PARA LA PROSPECCIÓN ACTIVA

Este último capítulo proporciona un plan de acción concreto y estructurado para los próximos 30 días, diseñado para ayudarle a implementar las estrategias de prospección activa analizadas a lo largo de este libro. Si sigue esta guía paso a paso, podrá empezar a construir y ampliar su base de clientes de forma eficaz y sistemática.

DÍA 1-5: PREPARACIÓN Y PLANIFICACIÓN

- **Día 1:** Revisa y define tus objetivos de prospección. ¿Cuáles son sus objetivos de ventas para los próximos 30 días? Sea específico y mensurable.

- **Día 2:** Realizar una investigación de mercado e identificar su público objetivo. ¿Quiénes son tus clientes ideales? ¿Cuáles son sus necesidades y puntos débiles?

- **Día 3:** Desarrolla tu propuesta de valor. ¿Por qué los clientes potenciales deberían elegirte? ¿Cómo puedes resolver de forma única sus problemas?

- **Día 4:** Prepara tu material de prospección. Esto puede incluir guiones de llamadas en frío, plantillas de correo electrónico y contenido educativo o promocional.

- **Día 5:** Organiza tus herramientas y recursos. Asegúrese de que su CRM esté actualizado, configure el software de automatización necesario y planifique su rutina diaria de prospección.

DÍA 6-10: IMPLEMENTACIÓN INICIAL

- **Día 6-7:** Inicie actividades de llamadas en frío basadas en su investigación y preparación. Concéntrese en escuchar activamente y adaptar su enfoque según sea necesario.

- **Día 8:** envíe sus primeros lotes de correos electrónicos de prospección. Utilice las plantillas preparadas, pero personalice cada mensaje para el destinatario.

- **Día 9:** Interactúe con clientes potenciales en las redes sociales. Comenta publicaciones relevantes, únete a grupos de tu industria y comparte contenido valioso.

- **Día 10:** Evalúa y ajusta tus estrategias de prospección. ¿Qué funcionó bien? ¿Qué se puede mejorar?

DÍA 11-20: EXPANSIÓN Y OPTIMIZACIÓN

- **Día 11-15:** Continúe con las actividades de prospección, aumentando gradualmente el volumen a medida que se sienta más cómodo y eficiente en sus acercamientos.

- **Día 16:** Implementar una estrategia de contenidos enfocada a generar leads. Esto podría incluir publicar un blog informativo, lanzar un seminario web o publicar un estudio de caso.

- **Día 17-18:** Explorar nuevos canales de prospección. Esto puede implicar asociaciones con personas influyentes, participación en eventos virtuales o campañas publicitarias pagas.

- **Día 19-20:** Realizar seguimientos estratégicos. Utilice información de interacciones pasadas para personalizar sus mensajes y ofertas.

DÍA 21-30: EVALUACIÓN Y AJUSTE CONTINUO

- **Día 21-25:** Mantenga un ritmo constante de actividades de prospección, incorporando comentarios y aprendizajes de sus esfuerzos anteriores.

- **Día 26:** Recopilar y analizar datos. Revisar los KPI de prospección establecidos inicialmente y evaluar su desempeño.

- **Día 27-28:** Realiza ajustes según tu análisis. Perfeccione sus estrategias, mensajes y enfoques según sea necesario.

- **Día 29:** Planifica tus próximos pasos. Según su progreso, establezca metas para el próximo mes.

- **Día 30:** Reserva un tiempo para la reflexión y el autocuidado. Reconoce tus esfuerzos y éxitos, y asegúrate de cuidar tu salud física y mental.

Este plan de acción de 30 días es un punto de partida para que implementes y mejores tus estrategias de prospección activa. Recuerde que la prospección es un proceso continuo que requiere adaptación, aprendizaje y perseverancia. Si sigue esta guía, estará bien equipado para construir una base sólida de clientes e impulsar el crecimiento de su negocio.

Al pasar juntos la página final de este viaje, espero sinceramente que los aprendizajes compartidos aquí hayan tocado su corazón y hayan generado nuevas perspectivas. Si este libro le ha aportado algún valor, le pido que se tome unos minutos para dejar una reseña en Amazon. Tus palabras no sólo me ayudan a crecer y perfeccionar mi oficio, sino que también guían a otros lectores en su búsqueda de conocimiento e inspiración. Tu opinión es un regalo valioso, tanto para mí como para la comunidad de lectores que buscan historias que transformen. Sinceramente les agradezco por compartir este viaje conmigo y espero que podamos volver a encontrarnos en las páginas de una nueva aventura.

REGINALDO OSNILDO

Hola, soy Reginaldo Osnildo, autor e innovador en las áreas de ventas, tecnología y estrategias de comunicación. Mi experiencia abarca desde el ámbito académico, como profesor e investigador de la Universidad del Sur de Santa Catarina, hasta ejercer como estratega en el Grupo Catarinense de Rádios. Con un doctorado en narrativas de ventas y convergencia digital, y una maestría en narración de historias e imaginario social, ofrezco a mis lectores una fusión única de teoría y práctica. Mi objetivo es aportar conocimientos en un lenguaje sencillo, práctico y didáctico, fomentando su aplicación directa en la vida personal y profesional.

Tuyo sinceramente

Reginaldo Osnildo

+55 48 991913865

reginaldoosnildo@gmail.com

www.ingramcontent.com/pod-product-compliance
Lightning Source LLC
Chambersburg PA
CBHW070111230526
45472CB00004B/1211